Read and Learn Christmas: German Comprehension for Kids

Coledown Bilingual Books

Published by Coledown Bilingual Books, 2023.

While every precaution has been taken in the preparation of this book, the publisher assumes no responsibility for errors or omissions, or for damages resulting from the use of the information contained herein.

READ AND LEARN CHRISTMAS: GERMAN COMPREHENSION FOR KIDS

First edition. November 28, 2023.

Copyright © 2023 Coledown Bilingual Books.

ISBN: 979-8223304180

Written by Coledown Bilingual Books.

Table of Contents

Weihnachten in Deutschland

In Deutschland feiern wir Weihnachten mit viel Freude und Traditionen. Der Dezember ist besonders aufregend, wenn die Menschen sich auf das Fest vorbereiten. In den Häusern schmücken wir einen Weihnachtsbaum mit bunten Lichtern, glänzenden Kugeln und funkelndem Lametta. Am Heiligabend, dem 24. Dezember, schenken sich die Menschen gegenseitig Geschenke und verbringen Zeit mit ihren Familien. Wir essen auch leckeres Essen, wie zum Beispiel Gänsebraten und Plätzchen. Eine beliebte Tradition ist der Adventskalender, bei dem Kinder jeden Tag ein Türchen öffnen und eine kleine Überraschung finden. Außerdem singen wir Weihnachtslieder und hören Geschichten über den Weihnachtsmann. In Deutschland bringt der Weihnachtsmann Geschenke in der Nacht vom 24. Dezember. Wir nennen ihn "der Weihnachtsmann" oder "der Nikolaus". Das Fest ist eine besondere Zeit, um Liebe und Freude zu teilen.

Fragen:

1. Wann feiern die Menschen in Deutschland Weihnachten?

2. Wie schmücken die Menschen ihre Weihnachtsbäume?

3. Was machen die Menschen am Heiligabend?

4. Was essen die Menschen traditionell an Weihnachten?

5. Was ist ein Adventskalender, und warum ist er beliebt?

6. Was macht der Weihnachtsmann in Deutschland?

7. Wann bringt der Weihnachtsmann Geschenke?

8. Wie nennt man den Weihnachtsmann auch?

9. Warum ist der Dezember besonders aufregend?

10. Was ist die Botschaft des Festes in Deutschland?

Antworten:

1. Die Menschen in Deutschland feiern Weihnachten im Dezember.

2. Die Menschen schmücken ihre Weihnachtsbäume mit bunten Lichtern, glänzenden Kugeln und funkelndem Lametta.

3. Am Heiligabend schenken sich die Menschen Geschenke und verbringen Zeit mit ihren Familien.

4. Die Menschen essen traditionell Gänsebraten und Plätzchen an Weihnachten.

5. Ein Adventskalender ist eine Tradition, bei der Kinder jeden Tag ein Türchen öffnen und eine kleine Überraschung finden. Er ist beliebt, weil er die Vorfreude auf Weihnachten steigert.

6. Der Weihnachtsmann bringt Geschenke in der Nacht vom 24. Dezember.

7. Der Weihnachtsmann bringt Geschenke in der Nacht vom 24. Dezember.

8. Man nennt den Weihnachtsmann auch "der Weihnachtsmann" oder "der Nikolaus".

9. Der Dezember ist besonders aufregend, weil die Menschen sich auf das Weihnachtsfest vorbereiten.

10. Die Botschaft des Festes in Deutschland ist, Liebe und Freude zu teilen.

Christmas in Germany

In Germany, we celebrate Christmas with a lot of joy and traditions. December is especially exciting when people are getting ready for the festival. In homes, we decorate a Christmas tree with colorful lights, shiny ornaments, and sparkling tinsel. On Christmas Eve, the 24th of December, people exchange gifts and spend time with their families. We also eat delicious food, such as roast goose and cookies. A popular tradition is the Advent calendar, where children open a little door every day and find a small surprise. Additionally, we sing Christmas carols and listen to stories about Santa Claus. In Germany, Santa Claus brings gifts on the night of the 24th of December. We call him "der Weihnachtsmann" or "der Nikolaus." The festival is a special time to share love and joy.

Questions:

1. When do people in Germany celebrate Christmas?

2. How do people decorate their Christmas trees?

3. What do people do on Christmas Eve?

4. What do people traditionally eat at Christmas?

5. What is an Advent calendar, and why is it popular?

6. What does Santa Claus do in Germany?

7. When does Santa Claus bring gifts?

8. What is another name for Santa Claus?

9. Why is December especially exciting?

10. What is the message of the festival in Germany?

Answers:

1. People in Germany celebrate Christmas in December.

2. People decorate their Christmas trees with colorful lights, shiny ornaments, and sparkling tinsel.

3. On Christmas Eve, people exchange gifts and spend time with their families.

4. People traditionally eat roast goose and cookies at Christmas.

5. An Advent calendar is a tradition where children open a little door every day and find a small surprise. It is popular because it increases the anticipation of Christmas.

6. Santa Claus brings gifts on the night of the 24th of December in Germany.

7. Santa Claus brings gifts on the night of the 24th of December.

8. Another name for Santa Claus is "der Weihnachtsmann" or "der Nikolaus."

9. December is especially exciting because people are getting ready for the Christmas festival.

10. The message of the festival in Germany is to share love and joy.

Der Weihnachtsmann in Deutschland

In Deutschland kommt der Weihnachtsmann in der Nacht vom 24. Dezember. Er trägt einen roten Mantel, einen weißen Bart und hat einen großen Sack voller Geschenke. Die Kinder stellen ihre Schuhe vor die Tür, und der Weihnachtsmann legt Geschenke hinein. Manchmal gibt es auch Leckereien wie Schokolade oder Nüsse. Der Weihnachtsmann ist sehr freundlich und verbreitet Freude. Die Menschen freuen sich auf seinen Besuch und singen Weihnachtslieder, um ihn willkommen zu heißen. Der Weihnachtsmann ist eine wichtige Figur in den deutschen Weihnachtsfeierlichkeiten und bringt Kindern auf der ganzen Welt Geschenke.

Fragen:

1. Wann kommt der Weihnachtsmann in Deutschland?

2. Wie sieht der Weihnachtsmann aus?

3. Was trägt der Weihnachtsmann?

4. Was hat der Weihnachtsmann in seinem Sack?

5. Wohin stellen die Kinder ihre Schuhe?

6. Was legt der Weihnachtsmann in die Schuhe der Kinder?

7. Gibt es manchmal auch Leckereien vom Weihnachtsmann?

8. Was machen die Menschen, um den Weihnachtsmann willkommen zu heißen?

9. Warum freuen sich die Menschen auf den Besuch des Weihnachtsmanns?

10. Was ist der Weihnachtsmann für die Kinder?

Antworten:

1. Der Weihnachtsmann kommt in der Nacht vom 24. Dezember.

2. Der Weihnachtsmann hat einen roten Mantel, einen weißen Bart und trägt einen großen Sack.

3. Der Weihnachtsmann trägt einen roten Mantel.

4. Der Weihnachtsmann hat Geschenke in seinem Sack.

5. Die Kinder stellen ihre Schuhe vor die Tür.

6. Der Weihnachtsmann legt Geschenke in die Schuhe der Kinder.

7. Ja, manchmal gibt es auch Leckereien wie Schokolade oder Nüsse.

8. Die Menschen singen Weihnachtslieder, um den Weihnachtsmann willkommen zu heißen.

9. Die Menschen freuen sich auf den Besuch des Weihnachtsmanns, weil er Freude verbreitet.

10. Für die Kinder ist der Weihnachtsmann eine wichtige Figur, die Geschenke bringt.

Santa Claus in Germany

In Germany, Santa Claus comes on the night of December 24th. He wears a red coat, a white beard, and carries a big sack full of gifts. Children place their shoes outside the door, and Santa Claus puts presents in them. Sometimes, there are also treats like chocolate or nuts. Santa Claus is very friendly and spreads joy. People look forward to his visit and sing Christmas songs to welcome him. Santa Claus is an important figure in German Christmas celebrations and brings gifts to children all over the world.

Questions:

1. When does Santa Claus come to Germany?

2. What does Santa Claus look like?

3. What does Santa Claus wear?

4. What does Santa Claus have in his sack?

5. Where do children place their shoes?

6. What does Santa Claus put in the children's shoes?

7. Are there sometimes treats from Santa Claus?

8. What do people do to welcome Santa Claus?

9. Why do people look forward to Santa Claus's visit?

10. What is Santa Claus for the children?

Answers:

1. Santa Claus comes on the night of December 24th in Germany.

2. Santa Claus has a red coat, a white beard, and carries a big sack.

3. Santa Claus wears a red coat.

4. Santa Claus has gifts in his sack.

5. Children place their shoes outside the door.

6. Santa Claus puts presents in the children's shoes.

7. Yes, sometimes there are treats like chocolate or nuts from Santa Claus.

8. People sing Christmas songs to welcome Santa Claus.

9. People look forward to Santa Claus's visit because he spreads joy.

10. For the children, Santa Claus is an important figure who brings gifts.

Weihnachtswünsche unter Freunden

Sophie: "Hallo Anna! Bald ist Weihnachten. Weißt du schon, was du dir wünschst?"

Anna: "Ja, ich wünsche mir ein neues Buch. Ich liebe Geschichten!"

Sophie: "Das klingt toll! Ich überlege, ob ich ein neues Spiel oder vielleicht einen Teddybären möchte."

Anna: "Ein Teddybär wäre süß! Aber ein Spiel klingt auch spaßig."

Sophie: "Ja, es ist schwer zu entscheiden. Was wünschst du dir noch?"

Anna: "Vielleicht auch ein paar bunte Stifte. Ich mag gerne malen."

Sophie: "Das ist eine gute Idee! Ich denke, ich wünsche mir auch etwas Kreatives."

Anna: "Was genau?"

Sophie: "Vielleicht eine Bastelbox, um Schmuck zu machen."

Anna: "Das wäre cool! Dann könnten wir zusammen basteln."

Sophie: "Ja, das wäre super! Ich freue mich schon auf Weihnachten!"

———————————

Fragen:

1. Was ist bald?

2. Was wünscht sich Anna zu Weihnachten?

3. Warum wünscht sich Anna ein neues Buch?

4. Was überlegt Sophie zu wünschen?

5. Was findet Anna süß?

6. Was mag Anna gerne machen?

7. Was schlägt Sophie vor, sich noch zu wünschen?

8. Was wünscht sich Sophie Kreatives?

9. Was könnten die beiden zusammen machen?

10. Worauf freut sich Sophie?

———————————

Antworten:

1. Bald ist Weihnachten.

2. Anna wünscht sich ein neues Buch.

3. Anna liebt Geschichten.

4. Sophie überlegt, ob sie ein neues Spiel oder einen Teddybären möchte.

5. Anna findet einen Teddybären süß.

6. Anna mag gerne malen.

7. Sophie schlägt vor, sich vielleicht einen Teddybären oder ein Spiel zu wünschen.

8. Sophie wünscht sich vielleicht eine Bastelbox, um Schmuck zu machen.

9. Die beiden könnten zusammen basteln.

10. Sophie freut sich auf Weihnachten.

Christmas Wishes Among Friends

Sophie: "Hello Anna! Christmas is coming soon. Do you already know what you want?"

Anna: "Yes, I want a new book. I love stories!"

Sophie: "That sounds great! I'm thinking about whether I want a new game or maybe a teddy bear."

Anna: "A teddy bear would be cute! But a game sounds fun too."

Sophie: "Yes, it's hard to decide. What else do you want?"

Anna: "Maybe some colorful pens too. I like to draw."

Sophie: "That's a good idea! I think I want something creative too."

Anna: "What exactly?"

Sophie: "Maybe a craft kit to make jewelry."

Anna: "That would be cool! Then we could craft together."

Sophie: "Yes, that would be awesome! I'm looking forward to Christmas!"

Questions:

1. What is coming soon?

2. What does Anna want for Christmas?

3. Why does Anna want a new book?

4. What is Sophie considering wishing for?

5. What does Anna find cute?

6. What does Anna like to do?

7. What does Sophie suggest wishing for besides a teddy bear?

8. What creative thing does Sophie want?

9. What could the two friends do together?

10. What is Sophie looking forward to?

Answers:

1. Christmas is coming soon.

2. Anna wants a new book.

3. Anna loves stories.

4. Sophie is considering whether she wants a new game or maybe a teddy bear.

5. Anna finds a teddy bear cute.

6. Anna likes to draw.

7. Sophie suggests wishing for maybe a teddy bear or a game.

8. Sophie wants maybe a craft kit to make jewelry.

9. The two friends could craft together.

10. Sophie is looking forward to Christmas.

Der Weihnachtsbaum in Deutschland

In Deutschland ist der Weihnachtsbaum eine wichtige Tradition zu Weihnachten. Die Menschen schmücken einen Tannenbaum mit bunten Lichtern, glänzenden Kugeln und schönen Ornamenten. Die Familie kommt zusammen, um den Baum zu schmücken, und es ist ein festliches Ereignis. Am Heiligabend, dem 24. Dezember, werden die Geschenke unter den Weihnachtsbaum gelegt. Die Kinder freuen sich darauf, am nächsten Morgen die Geschenke zu öffnen. Der Weihnachtsbaum ist ein Symbol für Freude und Gemeinschaft während der festlichen Jahreszeit.

Fragen:

1. Was ist in Deutschland zu Weihnachten eine wichtige Tradition?

2. Wie schmücken die Menschen den Weihnachtsbaum?

3. Wann schmückt die Familie den Weihnachtsbaum?

4. Wo werden am Heiligabend die Geschenke gelegt?

5. Worauf freuen sich die Kinder am Heiligabend?

6. Was ist der Weihnachtsbaum ein Symbol für?

7. Warum ist der Weihnachtsbaum festlich?

8. Welche Lichter schmücken den Weihnachtsbaum?

9. Was machen die Menschen am Heiligabend mit dem Weihnachtsbaum?

10. Wann öffnen die Kinder die Geschenke?

Antworten:

1. Der Weihnachtsbaum ist in Deutschland zu Weihnachten eine wichtige Tradition.

2. Die Menschen schmücken den Weihnachtsbaum mit bunten Lichtern, glänzenden Kugeln und schönen Ornamenten.

3. Die Familie schmückt den Weihnachtsbaum zusammen.

4. Am Heiligabend werden die Geschenke unter den Weihnachtsbaum gelegt.

5. Die Kinder freuen sich darauf, am nächsten Morgen die Geschenke zu öffnen.

6. Der Weihnachtsbaum ist ein Symbol für Freude und Gemeinschaft.

7. Der Weihnachtsbaum ist festlich, weil die Menschen ihn schmücken und Geschenke darunter legen.

8. Bunte Lichter schmücken den Weihnachtsbaum.

9. Am Heiligabend legen die Menschen Geschenke unter den Weihnachtsbaum.

10. Die Kinder öffnen die Geschenke am nächsten Morgen.

The Christmas Tree in Germany

In Germany, the Christmas tree is an important tradition during Christmas. People decorate a fir tree with colorful lights, shiny ornaments, and beautiful decorations. The family comes together to adorn the tree, and it is a festive occasion. On Christmas Eve, the 24th of December, the gifts are placed under the Christmas tree. Children look forward to opening the presents the next morning. The Christmas tree is a symbol of joy and togetherness during the festive season.

Questions:

1. What is an important tradition in Germany during Christmas?

2. How do people decorate the Christmas tree?

3. When does the family decorate the Christmas tree?

4. Where are the gifts placed on Christmas Eve?

5. What do children look forward to on Christmas Eve?

6. What is the Christmas tree a symbol of?

7. Why is the Christmas tree festive?

8. What kind of lights decorate the Christmas tree?

9. What do people do with the Christmas tree on Christmas Eve?

10. When do children open the presents?

Answers:

1. The Christmas tree is an important tradition in Germany during Christmas.

2. People decorate the Christmas tree with colorful lights, shiny ornaments, and beautiful decorations.

3. The family decorates the Christmas tree together.

4. On Christmas Eve, the gifts are placed under the Christmas tree.

5. Children look forward to opening the presents the next morning.

6. The Christmas tree is a symbol of joy and togetherness.

7. The Christmas tree is festive because people decorate it and place gifts underneath.

8. Colorful lights decorate the Christmas tree.

9. On Christmas Eve, people place gifts under the Christmas tree.

10. Children open the presents the next morning.

Weihnachtsessen in Deutschland

Zu Weihnachten in Deutschland gibt es leckeres Essen, das die Menschen zusammen genießen. Am Heiligabend, dem 24. Dezember, essen viele Familien traditionell Gänsebraten. Dazu gibt es oft Rotkohl und Knödel. Ein beliebtes Weihnachtsgebäck sind Plätzchen, die die Kinder mit ihren Eltern backen. Man findet auch Stollen, einen fruchtigen Kuchen, der mit Puderzucker bestäubt wird. An den Weihnachtstagen selbst, also am 25. und 26. Dezember, gibt es oft ein festliches Mittagessen, bei dem Ente, Kartoffelsalat und Würstchen serviert werden. Die deutschen Weihnachtsmärkte bieten zudem Leckereien wie gebrannte Mandeln und Lebkuchen an. Das Essen spielt eine wichtige Rolle bei den Weihnachtsfeierlichkeiten in Deutschland.

Fragen:

1. Was essen viele Familien traditionell am Heiligabend in Deutschland?

2. Was gibt es oft dazu, wenn man Gänsebraten isst?

3. Was backen die Kinder mit ihren Eltern zu Weihnachten?

4. Was ist Stollen?

5. An welchen Tagen gibt es festliche Mittagessen zu Weihnachten?

6. Was wird oft beim festlichen Mittagessen serviert?

7. Was bieten die deutschen Weihnachtsmärkte an?

8. Was ist ein beliebtes Weihnachtsgebäck?

9. Was wird mit Puderzucker bestäubt?

10. Warum spielt Essen eine wichtige Rolle bei den Weihnachtsfeierlichkeiten in Deutschland?

Antworten:

1. Viele Familien essen traditionell am Heiligabend in Deutschland Gänsebraten.

2. Oft gibt es dazu Rotkohl und Knödel.

3. Die Kinder backen Plätzchen mit ihren Eltern zu Weihnachten.

4. Stollen ist ein fruchtiger Kuchen.

5. Festliche Mittagessen gibt es an den Tagen 25. und 26. Dezember.

6. Oft werden Ente, Kartoffelsalat und Würstchen beim festlichen Mittagessen serviert.

7. Die deutschen Weihnachtsmärkte bieten Leckereien wie gebrannte Mandeln und Lebkuchen an.

8. Ein beliebtes Weihnachtsgebäck sind Plätzchen.

9. Stollen wird mit Puderzucker bestäubt.

10. Essen spielt eine wichtige Rolle bei den Weihnachtsfeierlichkeiten in Deutschland, weil es die Familie zusammenbringt und festliche Traditionen betont.

Christmas Foods in Germany

During Christmas in Germany, there is delicious food that people enjoy together. On Christmas Eve, the 24th of December, many families traditionally eat roast goose. It is often served with red cabbage and dumplings. A popular Christmas treat is cookies that children bake with their parents. There is also Stollen, a fruity cake dusted with powdered sugar. On the Christmas days themselves, the 25th and 26th of December, there is often a festive lunch featuring duck, potato salad, and sausages. German Christmas markets also offer goodies such as roasted almonds and gingerbread. Food plays an important role in the Christmas celebrations in Germany.

Questions:

1. What do many families traditionally eat on Christmas Eve in Germany?

2. What is often served with roast goose?

3. What do children bake with their parents for Christmas?

4. What is Stollen?

5. On which days are festive lunches served for Christmas?

6. What is often served during the festive lunch?

7. What do German Christmas markets offer?

8. What is a popular Christmas treat?

9. What is dusted with powdered sugar?

10. Why does food play an important role in Christmas celebrations in Germany?

Answers:

1. Many families traditionally eat roast goose on Christmas Eve in Germany.

2. It is often served with red cabbage and dumplings.

3. Children bake cookies with their parents for Christmas.

4. Stollen is a fruity cake.

5. Festive lunches are served on the days 25th and 26th of December for Christmas.

6. Duck, potato salad, and sausages are often served during the festive lunch.

7. German Christmas markets offer goodies such as roasted almonds and gingerbread.

8. A popular Christmas treat is cookies.

9. Stollen is dusted with powdered sugar.

10. Food plays an important role in Christmas celebrations in Germany because it brings families together and emphasizes festive traditions.

Der Schneemann an Weihnachten

Es war einmal ein kleiner Schneemann namens Fritz. Er stand einsam im Garten und träumte davon, an Heiligabend nicht allein zu sein. Eines Tages hörte er Kinderlachen und freute sich. Die Kinder hatten ihn entdeckt und begannen, ihm einen Hut aus Ästen, eine Karottennase und Knöpfe aus kleinen Steinen zu geben. Fritz war so glücklich! Die Kinder sangen Weihnachtslieder um ihn herum, und er fühlte sich wie der festlichste Schneemann im ganzen Land. In der Nacht vor Weihnachten schneite es. Fritz sah, wie der Garten in ein glitzerndes Winterwunderland verwandelt wurde. Am nächsten Morgen staunten die Kinder über den schönsten Schneemann, den sie je gesehen hatten. Fritz war nicht mehr allein, sondern Teil einer fröhlichen Weihnachtsgeschichte.

Fragen:

1. Wie heißt der Schneemann in der Geschichte?

2. Was träumt Fritz?

3. Was hört Fritz eines Tages im Garten?

4. Was geben die Kinder Fritz?

5. Wie fühlt sich Fritz, als die Kinder ihn schmücken?

6. Was machen die Kinder um Fritz herum?

7. Was passiert in der Nacht vor Weihnachten?

8. Wie fühlt sich Fritz am nächsten Morgen?

9. Was sehen die Kinder am nächsten Morgen?

10. Was wird Fritz am Ende der Geschichte?

Antworten:

1. Der Schneemann heißt Fritz.

2. Fritz träumt davon, an Heiligabend nicht allein zu sein.

3. Fritz hört Kinderlachen im Garten.

4. Die Kinder geben Fritz einen Hut aus Ästen, eine Karottennase und Knöpfe aus kleinen Steinen.

5. Fritz fühlt sich sehr glücklich, als die Kinder ihn schmücken.

6. Die Kinder singen Weihnachtslieder um Fritz herum.

7. In der Nacht vor Weihnachten schneit es.

8. Fritz fühlt sich am nächsten Morgen sehr glücklich.

9. Die Kinder sehen am nächsten Morgen den schönsten Schneemann, den sie je gesehen haben.

10. Am Ende der Geschichte ist Fritz nicht mehr allein, sondern Teil einer fröhlichen Weihnachtsgeschichte.

The Snowman at Christmas

Once upon a time, there was a little snowman named Fritz. He stood alone in the garden, dreaming of not being alone on Christmas Eve. One day, he heard children laughing and felt happy. The children had discovered him and began giving him a hat made of branches, a carrot nose, and buttons made of small stones. Fritz was so happy! The children sang Christmas carols around him, and he felt like the most festive snowman in the whole land. On the night before Christmas, it snowed. Fritz watched as the garden transformed into a glittering winter wonderland. The next morning, the children marveled at the most beautiful snowman they had ever seen. Fritz was no longer alone but part of a joyful Christmas story.

Questions:

1. What is the snowman's name in the story?

2. What does Fritz dream about?

3. What does Fritz hear one day in the garden?

4. What do the children give Fritz?

5. How does Fritz feel when the children decorate him?

6. What do the children do around Fritz?

7. What happens on the night before Christmas?

8. How does Fritz feel the next morning?

9. What do the children see the next morning?

10. What happens to Fritz at the end of the story?

Answers:

1. The snowman's name is Fritz.

2. Fritz dreams of not being alone on Christmas Eve.

3. Fritz hears children laughing in the garden.

4. The children give Fritz a hat made of branches, a carrot nose, and buttons made of small stones.

5. Fritz feels very happy when the children decorate him.

6. The children sing Christmas carols around Fritz.

7. On the night before Christmas, it snows.

8. Fritz feels very happy the next morning.

9. The children see the most beautiful snowman they have ever seen the next morning.

10. At the end of the story, Fritz is no longer alone but is part of a joyful Christmas story.

Weihnachtstraditionen in Deutschland

In Deutschland gibt es viele schöne Weihnachtstraditionen. Am 1. Dezember beginnt der Advent, und viele Familien stellen einen Adventskranz mit vier Kerzen auf. Jeden Sonntag zünden sie eine neue Kerze an, um die Zeit bis Weihnachten zu verkürzen. An Heiligabend, dem 24. Dezember, schmücken die Menschen ihren Weihnachtsbaum mit bunten Lichtern, Glaskugeln und anderen hübschen Dingen. Dann gibt es oft ein festliches Abendessen, bei dem die Familie zusammenkommt. Kinder stellen ihre geputzten Schuhe vor die Tür, in der Hoffnung, dass der Weihnachtsmann Geschenke hineinlegt. Am Morgen des 25. Dezembers öffnen die Kinder ihre Geschenke und verbringen den Tag mit ihren Familien. Weihnachten in Deutschland ist eine Zeit der Freude, Liebe und gemeinsamen Traditionen.

Fragen:

1. Wann beginnt der Advent in Deutschland?

2. Was stellen viele Familien am 1. Dezember auf?

3. Wie viele Kerzen hat der Adventskranz?

4. Wann zünden die Familien eine neue Kerze an?

5. Was machen die Menschen am 24. Dezember mit ihrem Weihnachtsbaum?

6. Was gibt es oft am festlichen Abendessen an Heiligabend?

7. Was stellen Kinder vor die Tür in der Hoffnung auf Geschenke?

8. Wer legt Geschenke in die Schuhe der Kinder?

9. Wann öffnen die Kinder ihre Geschenke?

10. Was ist Weihnachten in Deutschland?

Antworten:

1. Der Advent beginnt am 1. Dezember in Deutschland.

2. Viele Familien stellen einen Adventskranz am 1. Dezember auf.

3. Der Adventskranz hat vier Kerzen.

4. Die Familien zünden jeden Sonntag eine neue Kerze an.

5. Am 24. Dezember schmücken die Menschen ihren Weihnachtsbaum.

6. Am festlichen Abendessen an Heiligabend gibt es oft leckeres Essen.

7. Kinder stellen ihre geputzten Schuhe vor die Tür in der Hoffnung auf Geschenke.

8. Der Weihnachtsmann legt Geschenke in die Schuhe der Kinder.

9. Die Kinder öffnen ihre Geschenke am Morgen des 25. Dezembers.

10. Weihnachten in Deutschland ist eine Zeit der Freude, Liebe und gemeinsamen Traditionen.

Christmas Traditions in Germany

In Germany, there are many beautiful Christmas traditions. On December 1st, the Advent season begins, and many families set up an Advent wreath with four candles. Every Sunday, they light a new candle to count down the time until Christmas. On Christmas Eve, the 24th of December, people decorate their Christmas tree with colorful lights, glass ornaments, and other pretty things. Then there is often a festive dinner where the family gathers. Children place their polished shoes outside the door, hoping that Santa Claus will leave gifts inside. On the morning of December 25th, children open their presents and spend the day with their families. Christmas in Germany is a time of joy, love, and shared traditions.

Questions:

1. When does the Advent season begin in Germany?

2. What do many families set up on December 1st?

3. How many candles does the Advent wreath have?

4. When do families light a new candle?

5. What do people do on December 24th with their Christmas tree?

6. What is often part of the festive dinner on Christmas Eve?

7. What do children place outside the door hoping for gifts?

8. Who leaves gifts in the children's shoes?

9. When do children open their presents?

10. What is Christmas in Germany?

Answers:

1. The Advent season begins on December 1st in Germany.

2. Many families set up an Advent wreath on December 1st.

3. The Advent wreath has four candles.

4. Families light a new candle every Sunday.

5. On December 24th, people decorate their Christmas tree.

6. Often, a festive dinner on Christmas Eve includes delicious food.

7. Children place their polished shoes outside the door hoping for gifts.

8. Santa Claus leaves gifts in the children's shoes.

9. Children open their presents on the morning of December 25th.

10. Christmas in Germany is a time of joy, love, and shared traditions.

Weihnachtsmann und seine Rentiere

Es war kurz vor Weihnachten, und der Weihnachtsmann bereitete sich auf seine Reise vor. Seine Rentiere, die ihm immer beim Geschenkeverteilen helfen, waren besonders aufgeregt. Rudolph, das Rentier mit der leuchtenden Nase, strahlte vor Freude. Der Weihnachtsmann überprüfte sorgfältig seine Geschenkliste und lud den Schlitten mit bunten Päckchen. Die Rentiere hüpften vor Vorfreude und konnten es kaum erwarten, in die Luft zu fliegen. Mit einem lauten "Ho, ho, ho!" und einem Ruckeln des Schlittens hoben sie ab. Über Dächer, Wälder und Städte flogen sie, um Geschenke in die Häuser zu bringen. Die Kinder auf der ganzen Welt warteten gespannt auf den Besuch des Weihnachtsmanns und seiner fröhlichen Rentiere.

Fragen:

1. Worauf bereitete sich der Weihnachtsmann vor?

2. Wer hilft dem Weihnachtsmann beim Geschenkeverteilen?

3. Welches Rentier hat eine leuchtende Nase?

4. Was überprüfte der Weihnachtsmann sorgfältig?

5. Was lud der Weihnachtsmann in den Schlitten?

6. Warum waren die Rentiere aufgeregt?

7. Wie hebt der Schlitten ab?

8. Wohin flogen die Rentiere?

9. Was warteten die Kinder gespannt?

10. Warum strahlte Rudolph vor Freude?

Antworten:

1. Der Weihnachtsmann bereitete sich auf seine Reise vor.

2. Die Rentiere helfen dem Weihnachtsmann beim Geschenkeverteilen.

3. Rudolph hat eine leuchtende Nase.

4. Der Weihnachtsmann überprüfte sorgfältig seine Geschenkliste.

5. Der Weihnachtsmann lud den Schlitten mit bunten Päckchen.

6. Die Rentiere waren aufgeregt, weil sie kaum erwarten konnten, in die Luft zu fliegen.

7. Der Schlitten hebt mit einem lauten "Ho, ho, ho!" und einem Ruckeln ab.

8. Die Rentiere flogen über Dächer, Wälder und Städte.

9. Die Kinder warteten gespannt auf den Besuch des Weihnachtsmanns und seiner fröhlichen Rentiere.

10. Rudolph strahlte vor Freude, wahrscheinlich wegen seiner leuchtenden Nase und der Vorfreude auf die Reise.

47

Santa and His Reindeer

It was shortly before Christmas, and Santa Claus was preparing for his journey. His reindeer, who always help him with gift-giving, were particularly excited. Rudolph, the reindeer with the glowing nose, beamed with joy. Santa Claus carefully checked his gift list and loaded the sleigh with colorful packages. The reindeer hopped with excitement and could hardly wait to take to the sky. With a loud "Ho, ho, ho!" and a jolt of the sleigh, they took off. Over roofs, forests, and cities, they flew to deliver gifts to homes. Children around the world eagerly awaited the visit of Santa Claus and his cheerful reindeer.

Questions:

1. What was Santa Claus preparing for?

2. Who helps Santa Claus with gift-giving?

3. Which reindeer has a glowing nose?

4. What did Santa Claus carefully check?

5. What did Santa Claus load into the sleigh?

6. Why were the reindeer excited?

7. How does the sleigh take off?

8. Where did the reindeer fly to?

9. What were the children eagerly waiting for?

10. Why did Rudolph beam with joy?

Answers:

1. Santa Claus was preparing for his journey.

2. The reindeer help Santa Claus with gift-giving.

3. Rudolph has a glowing nose.

4. Santa Claus carefully checked his gift list.

5. Santa Claus loaded the sleigh with colorful packages.

6. The reindeer were excited because they could hardly wait to take to the sky.

7. The sleigh takes off with a loud "Ho, ho, ho!" and a jolt.

8. The reindeer flew over roofs, forests, and cities.

9. The children were eagerly waiting for the visit of Santa Claus and his cheerful reindeer.

10. Rudolph beamed with joy, probably because of his glowing nose and the anticipation of the journey.

Das Christkind in Nürnberg

In Nürnberg gibt es eine besondere Tradition zu Weihnachten - das Christkind. Das Christkind ist ein Engel, der in goldenem Gewand gekleidet ist und jedes Jahr den berühmten Christkindlesmarkt eröffnet. Der Markt ist voller festlicher Stände, an denen Leute Geschenke kaufen können. Das Christkind liest auch Gedichte vor und verbreitet Freude. Kinder freuen sich darauf, das Christkind zu sehen und Geschenke zu bekommen. Die Atmosphäre in Nürnberg während der Weihnachtszeit ist magisch, und das Christkind spielt eine wichtige Rolle in den festlichen Feierlichkeiten.

Fragen:

1. Was gibt es in Nürnberg zu Weihnachten?

2. Wie ist das Christkind gekleidet?

3. Was eröffnet das Christkind jedes Jahr?

4. Was gibt es auf dem Christkindlesmarkt?

5. Was macht das Christkind außerdem?

6. Warum freuen sich Kinder auf das Christkind?

7. Welche Atmosphäre gibt es in Nürnberg während der Weihnachtszeit?

8. Was spielt eine wichtige Rolle in den festlichen Feierlichkeiten?

9. Wer verkauft Geschenke auf dem Christkindlesmarkt?

10. Warum ist das Christkind besonders?

Antworten:

1. In Nürnberg gibt es zu Weihnachten das Christkind.

2. Das Christkind ist in goldenem Gewand gekleidet.

3. Das Christkind eröffnet jedes Jahr den Christkindlesmarkt.

4. Auf dem Christkindlesmarkt gibt es festliche Stände, an denen Leute Geschenke kaufen können.

5. Das Christkind liest auch Gedichte vor und verbreitet Freude.

6. Kinder freuen sich darauf, das Christkind zu sehen und Geschenke zu bekommen.

7. Die Atmosphäre in Nürnberg während der Weihnachtszeit ist magisch.

8. Das Christkind spielt eine wichtige Rolle in den festlichen Feierlichkeiten.

9. Auf dem Christkindlesmarkt verkaufen Leute Geschenke.

10. Das Christkind ist besonders, weil es wie ein Engel gekleidet
ist und den Christkindlesmarkt eröffnet, Gedichte vorliest und
Freude verbreitet.

The Christ Child in Nuremberg

In Nuremberg, there is a special Christmas tradition - the Christ Child. The Christ Child is an angel dressed in golden robes and opens the famous Christkindlesmarkt every year. The market is full of festive stalls where people can buy gifts. The Christ Child also recites poems and spreads joy. Children look forward to seeing the Christ Child and receiving gifts. The atmosphere in Nuremberg during the Christmas season is magical, and the Christ Child plays an important role in the festive celebrations.

Questions:

1. What is there in Nuremberg at Christmas?

2. How is the Christ Child dressed?

3. What does the Christ Child open every year?

4. What is there in the Christkindlesmarkt?

5. What else does the Christ Child do?

6. Why do children look forward to the Christ Child?

7. What atmosphere is there in Nuremberg during the Christmas season?

8. What plays an important role in the festive celebrations?

9. Who sells gifts at the Christkindlesmarkt?

10. Why is the Christ Child special?

Answers:

1. In Nuremberg, there is the Christ Child at Christmas.

2. The Christ Child is dressed in golden robes.

3. The Christ Child opens the Christkindlesmarkt every year.

4. The Christkindlesmarkt has festive stalls where people can buy gifts.

5. The Christ Child also recites poems and spreads joy.

6. Children look forward to seeing the Christ Child and receiving gifts.

7. The atmosphere in Nuremberg during the Christmas season is magical.

8. The Christ Child plays an important role in the festive celebrations.

9. People sell gifts at the Christkindlesmarkt.

10. The Christ Child is special because it is dressed like an angel and opens the Christkindlesmarkt, recites poems, and spreads joy.

Deutsche Weihnachtslieder

In Deutschland singen die Menschen gerne Weihnachtslieder während der festlichen Jahreszeit. Es gibt viele bekannte und beliebte Weihnachtslieder, die von Generation zu Generation weitergegeben werden. Ein bekanntes Lied ist "Stille Nacht", das auf Deutsch bedeutet "Silent Night". Es wird oft bei Kerzenschein gesungen und verbreitet eine besinnliche Atmosphäre. Ein weiteres populäres Lied ist "O Tannenbaum", das vom Weihnachtsbaum erzählt. Kinder singen gerne "Kling, Glöckchen, klingelingeling", ein fröhliches Lied über klingelnde Glöckchen. Die Texte der Lieder erzählen von Liebe, Freude und festlichem Zauber. Singen ist eine wichtige Tradition in Deutschland, um die festliche Stimmung zu teilen.

Fragen:

1. Was machen die Menschen in Deutschland gerne während der festlichen Jahreszeit?

2. Welches bekannte Lied bedeutet auf Deutsch "Silent Night"?

3. Wann wird "Stille Nacht" oft gesungen?

4. Wovon erzählt das populäre Lied "O Tannenbaum"?

5. Was singen Kinder gerne in einem fröhlichen Lied?

6. Wovon erzählen die Texte der Weihnachtslieder?

7. Welche Atmosphäre verbreitet "Stille Nacht"?

8. Warum ist Singen eine wichtige Tradition in Deutschland?

9. Welches Lied erzählt von einem Weihnachtsbaum?

10. Was verbreiten die Weihnachtslieder in Deutschland?

Antworten:

1. Die Menschen singen gerne Weihnachtslieder während der festlichen Jahreszeit.

2. "Stille Nacht" bedeutet auf Deutsch "Silent Night".

3. "Stille Nacht" wird oft bei Kerzenschein gesungen.

4. "O Tannenbaum" erzählt vom Weihnachtsbaum.

5. Kinder singen gerne "Kling, Glöckchen, klingelingeling", ein fröhliches Lied über klingelnde Glöckchen.

6. Die Texte der Weihnachtslieder erzählen von Liebe, Freude und festlichem Zauber.

7. "Stille Nacht" verbreitet eine besinnliche Atmosphäre.

8. Singen ist eine wichtige Tradition in Deutschland, um die festliche Stimmung zu teilen.

9. "O Tannenbaum" erzählt von einem Weihnachtsbaum.

10. Die Weihnachtslieder verbreiten in Deutschland Liebe, Freude und festlichen Zauber.

German Christmas Songs

In Germany, people enjoy singing Christmas songs during the festive season. There are many well-known and beloved Christmas songs that are passed down from generation to generation. One famous song is "Stille Nacht," which means "Silent Night" in German. It is often sung by candlelight, creating a contemplative atmosphere. Another popular song is "O Tannenbaum," which tells the story of the Christmas tree. Children like to sing "Kling, Glöckchen, klingelingeling," a cheerful song about ringing bells. The lyrics of the songs tell tales of love, joy, and festive magic. Singing is an important tradition in Germany to share the festive mood.

Questions:

1. What do people in Germany enjoy doing during the festive season?

2. What does the well-known song "Stille Nacht" mean in German?

3. When is "Stille Nacht" often sung?

4. What does the popular song "O Tannenbaum" tell the story of?

5. What do children enjoy singing in a cheerful song?

6. What do the lyrics of the Christmas songs tell tales of?

7. What atmosphere does "Stille Nacht" create?

8. Why is singing an important tradition in Germany?

9. Which song tells the story of a Christmas tree?

10. What do the German Christmas songs spread?

Answers:

1. People in Germany enjoy singing Christmas songs during the festive season.

2. The well-known song "Stille Nacht" means "Silent Night" in German.

3. "Stille Nacht" is often sung by candlelight.

4. The popular song "O Tannenbaum" tells the story of the Christmas tree.

5. Children enjoy singing "Kling, Glöckchen, klingelingeling," a cheerful song about ringing bells.

6. The lyrics of the Christmas songs tell tales of love, joy, and festive magic.

7. "Stille Nacht" creates a contemplative atmosphere.

8. Singing is an important tradition in Germany to share the festive mood.

9. "O Tannenbaum" tells the story of a Christmas tree.

10. The German Christmas songs spread love, joy, and festive magic.

Deutsche Weihnachtsmärkte

Die deutschen Weihnachtsmärkte sind eine besondere Tradition in der festlichen Jahreszeit. Auf den Märkten gibt es viele bunte Stände, die Leckereien, Geschenke und festliche Dekorationen verkaufen. Die Menschen schlendern durch die Gassen, trinken warmen Glühwein und essen leckere Bratwürste. Die Kinder freuen sich auf Zuckerwatte, gebrannte Mandeln und süße Lebkuchenherzen. Überall gibt es festliche Lichter, die die Stimmung magisch machen. Auf einigen Märkten gibt es auch eine Eislaufbahn, auf der die Kinder Schlittschuh laufen können. Die Weihnachtsmärkte verbreiten eine fröhliche Atmosphäre und bringen die Menschen zusammen, um die festliche Zeit zu genießen.

Fragen:

1. Was sind deutsche Weihnachtsmärkte?

2. Was verkaufen die bunten Stände auf den Märkten?

3. Was machen die Menschen auf den Märkten?

4. Was trinken die Menschen gerne auf den Weihnachtsmärkten?

5. Worauf freuen sich die Kinder auf den Märkten?

6. Was gibt es überall auf den Märkten?

7. Was gibt es auf einigen Märkten für die Kinder?

8. Was machen die Menschen auf den Eislaufbahnen?

9. Welche Atmosphäre verbreiten die Weihnachtsmärkte?

10. Warum kommen die Menschen zusammen auf den Weihnachtsmärkten?

Antworten:

1. Deutsche Weihnachtsmärkte sind eine besondere Tradition in der festlichen Jahreszeit.

2. Die bunten Stände verkaufen Leckereien, Geschenke und festliche Dekorationen.

3. Die Menschen schlendern durch die Gassen und genießen die festliche Atmosphäre.

4. Die Menschen trinken gerne warmen Glühwein auf den Weihnachtsmärkten.

5. Die Kinder freuen sich auf Zuckerwatte, gebrannte Mandeln und süße Lebkuchenherzen.

6. Überall gibt es festliche Lichter auf den Märkten.

7. Auf einigen Märkten gibt es eine Eislaufbahn für die Kinder.

8. Die Kinder können auf den Eislaufbahnen Schlittschuh laufen.

9. Die Weihnachtsmärkte verbreiten eine fröhliche Atmosphäre.

10. Die Menschen kommen auf den Weihnachtsmärkten zusammen, um die festliche Zeit zu genießen.

German Christmas Markets

German Christmas markets are a special tradition during the festive season. On the markets, there are many colorful stalls selling treats, gifts, and festive decorations. People stroll through the lanes, drink warm mulled wine, and enjoy delicious sausages. Children look forward to cotton candy, roasted almonds, and sweet gingerbread hearts. Everywhere, there are festive lights that create a magical atmosphere. Some markets even have an ice skating rink where children can skate. The Christmas markets spread a cheerful atmosphere and bring people together to enjoy the festive time.

Questions:

1. What are German Christmas markets?

2. What do the colorful stalls on the markets sell?

3. What do people do on the markets?

4. What do people like to drink on the Christmas markets?

5. What do children look forward to on the markets?

6. What is everywhere on the markets?

7. What do some markets have for children?

8. What do people do on the ice skating rinks?

9. What atmosphere do the Christmas markets spread?

10. Why do people come together at the Christmas markets?

Answers:

1. German Christmas markets are a special tradition during the festive season.

2. The colorful stalls sell treats, gifts, and festive decorations.

3. People stroll through the lanes and enjoy the festive atmosphere.

4. People like to drink warm mulled wine on the Christmas markets.

5. Children look forward to cotton candy, roasted almonds, and sweet gingerbread hearts.

6. Festive lights are everywhere on the markets.

7. Some markets have an ice skating rink for children.

8. Children can skate on the ice skating rinks.

9. The Christmas markets spread a cheerful atmosphere.

10. People come together at the Christmas markets to enjoy the festive time.